Tarannum

Sevinch Ro'ziyeva

© Sevinch Ro'ziyeva
Tarannum
by: Sevinch Ro'ziyeva
Edition: July '2024
Publisher:
Taemeer Publications LLC (Michigan, USA / Hyderabad, India)

ISBN 978-93-5872-451-6

© **Sevinch Ro'ziyeva**

Book   : Tarannum
Author   : Sevinch Ro'ziyeva
Publisher   : Taemeer Publications
Year   : '2024
Pages   : 30
Title Design : *Taemeer Web Design*

Dadajonimga

Dadam aytgan jumladan

Kònglim xira tortadi

Bu gaplarni eshitib

Kozimga yosh tòladi

"Qaribmanda qizginam

Musofirda bilindi

Sochimga oq oralab

Mag'rur boshim egildi

Musofir yurt yurt emas

Òz kulbamga teng kelmas

Bòlsa hamki koshona

Ona yurtdek bòlolmas

Aka ukam yiroqda

Farzandlarim uzoqda

Bòlsin mayli xaroba

Ona yurtim kutmoqda"

Jonim fido siz uchun

Dadajonim jon dadam

Sizdek inson topmadim

Bu dunyoda hech qachon

Dada, sira siqilmang

Hammasi zòr bòladi

Biz kutyotgan bu kunlar

Tezda yetib keladi.

Tog'alarimga

Tog'alarim bor mening

Bir biridan mehribon

Tòrtta botir pahlavon

Kòz tegmasin hech qachon

Mehnat qilib charchamas

Ularga qilar havas

Izlanishdan tòxtamas

Koz tegmasin har nafas

Yetaklaydi bizlarni

Ma'rifat va ziyoga

Uzoqni kòrgan inson

Kòz tegmasin hech qachon

Onamga

Onajonim siz uchun

Tazim qilaman haron

Yetaklagan qòllaringiz

Avaylayman onajon

Mehringizni ayamagan

Mehribonsiz shunchalar

Sizlar tufayli bizlar

Bòldik shundayin inson

Kòzingiz porlab tursin

Yuzingiz nurga tòlsin

Onajonim siz uchun

Tazim qilaman haron

Òzbekiston

Òzbekiston ona yurtim

Mening aziz makonim

Necha yuz ming olimni

Baxshida etgan jahonim

Erkin bòlib òsyapman

Senga raxmat aytaman

Òynab kulib bag'ringda

Senga sodiq bòlaman

Bayrog'imni hilpiratib

Òng qòlimda tutaman

Madhiyamni yangratib

Tashakkurlar olaman

Millatim òzbek deya

Bosh kòtarib yuraman

Sen uchun jonim berib

Mard òg'loning bòlaman

Buyuklardan merosim
Buyuk noming aytaman
Sening dilbanding bòlib
Buyuk sarhad quraman.

Istayman ona

Qòlimda qalam yoza olmayapman ona
Yòlimda tikan yura olmayapman ona
Xoxishim imkonim bordir -u ammo
Istayman-u qila olmayapman ona
Bilmadim atrofim kimlarga tòla
Bilmadim hayolim nima bilan band
Ehtimol,mehr,ishonch yetishmas menga
Xoxlayman u qila olmayapman ona
Tushlarimda kimla nimalar anglay olmadim
Kimdan nimani sòrashni bilolmadim
Ehtimol,oy chiqar kun botar u ammo
Istayman u qila olmayapman ona

Har tong har nafas Allohdan najot sòrayman u lek
Òylarimni kimga aytishni bila olmayapman
Hayotim xayollarim chalkashdek gòyo
Istayman u qila olmayapman ona.

Bolalik

Men bilan qolsa edi bolalik
Tark etishni xoxlasa edi bolalik
Yelday uchib bormoqda bolalik
Meni tashlab ketmoqda bolalik.
Eh qani endi òsha shòxliklar
Otam onamlarning erkalashi
Òrtoqlar bilan òyinqaroqlik
Meni tashlab ketmoqda bolalik
Òsha uzun kòchalarda yayov kezsam
Òsha sersuv ariqdan chanqog'im qonsa
Odamlar chehralar-la kòrishsam
Meni tashlab ketmoqda bolalik

Beozor edim tirishqoq bazan erinchoq
Òzim ham hayronman nimadir boshqacharoq
Yelkamga tushyapdi qandaydir yuk
Meni tashlab ketmoqda bolalik.

Ezgu tilagim

Ezgulikdan kòngil mudom shod bòlsin
Ona Vatan yashnasin obod bòlsin
Tinchligimiz mangu barhayot bòlsin
Yurakdan eng ezgu tilaklarim shu
Gullab yashnayvesin mahallamiz ham
Eng yaxahi insonlar bòlishganda jam
Shu yurtim farzandiman baxtim bekam
Yurakka jo bòlgan tilaklarim shu

Xotira

Bobolardan meros vatanim

Jasorat qoni la tòlgan tuprog'im

Bu she'rni yozishdan maqsadim

Sizlarni xotirlamoqdir istagim

Vatan uchun qon tòkkan askarlarim

Yurt uchun loy kechgan askarlarim

Urush deya jon bergan askarlarim

Sizlarni xotirlamoqdir istagim

Sizlar tufayli yuribmiz shòx shodon

Urush deya òylamaymiz hech qachon

Osmonimiz musaffo bòlsin har on

Sizlarni xotirlamoqdir istagim

Sizdan minnaddormiz umrbod

Buyuk ruxingiz bòlsin shod

Ziyorad aylab qabringizni bugunoq

Sizlarni xotirlamoqdir istagim

Muhammadjonga

Bugun hursandchilik va shodlik

Oilamiz-la mehmon kutdik
Barchamiz hursand shod-u hurram
Doimo bòlsin shu kabi bayram.
Xush kelibsan bizning yorug' olamga
Sening kelganing Muborak barchaga
Ezgu niyatlarni jamlab bir joyga
Hammamiz kutdik seni shu kunda.
Òzing-la Quvonchni ergashtirib sen
Sevinch olib kelding oilamizga
Komil inson bòlgin toleying porloq
Jasur bòl, Vatan uchun nur-u chiroq
Dadang seni toj qiladi boshiga
Erkalar avaylar alishmas olamga
Podshox bòlgin sen yer-u jahonlarga
Ushbu she'rimni yozdim Muhammadjonga

Tarix darsi

Tarix darsi ajoyib

Maroq ila òtamiz

Ustozimning sòziga

Havas bilan boqamiz.

Biz tarixchi bòlamiz

Vada bilan aytamiz

Tarixni bilgan inson

Kam bòlmaydi dunyoda

Tarixni bilsang gar sen

Yetarsan zòr kamolga

Biz tarixchi bòlamiz

Vada bilan aytamiz

Tarizning har mavzusi

Bizga saboq beradi

Biz òqigan mavzular

Tarix surin ochadi

Biz tarixchi bòlamiz

Vada bilan aytamiz

Ona mehri

Òrtoqlarim bilan birga

Òynagali chiqdik bog'ga

Òynadik bizlar shòx shodon

Yugurdik u yon bu yon

Sal kechikdik bizlar uyga

Onalari urushdi òrtog'imga

Yurak hovuchlab kirdim uyga

Onam yum yum yig'lardi

Mendek farzandini kechirarmidi

Onam sòzladilar bir ahvol

"Bola senga bòlsa bir kor hol

Men ne qilardim senga savol?"

Yangi yil

Bir dasturxon atrofida

Qarindoshlar bilan birga

Diydorlashib òtiramiz

Yangi yil davrasida
Bir birimiz sog'indik
Baxonada yig'ildik
Doim birga bòlaylik
Tark etmasin ahillik
Òyin kulgu tomoshalar
Bu davradan topilar
Maroqli bòlgan suhbat
Menga ilhom bag'ishlar
Kayfiyatni kòtaramiz
Bir birimiz qutlaymiz
Yangi yil tabriklarini
Birin ketin aytamiz
Davraning tòrida bobom
Yonida voliyda momom
Bizga òrnak bòladi
Ezguliklar qiladi
Ananaga binoan
Mushoira boshlaymiz

G'olib bòlgan zukkoga

Marmelatlar beramiz

Qarindoshlarim

Mehribon qarindoshlarim

Bir biriga yelkadoshlarim

Doim ahil bòlaylik

Hech qachon tòzg'imaylik

Bir daraxtdan kòkardik

Unib òsdik ulg'aydik

Bir kòchadan yuraylik

Hech qachon tòz imaylik

Qudratli ummonim tog'alarim

Fasllar ichra bahorim xolalarim

Tengi yoq gulshanim jugarlarim

Chaqnagan quyoshim qiblagohlarim

Bobom momom hoji qilamiz

Ardoqlab kaftimizda tutamiz

Umrlari uzoq bòlsin deya

Doim hizmatngida bòlamiz

Sog'inch

Yomg'ir tomchilar yuzimga shu on
Kòkdan kelyotgan issiq nafaslar
Shamollar gòyo silar boshimni
Men onamni sog'indim shu on
Men dadamni og'indim shu on
Kamalaklar tovlanar balki osmonda
Bulut ortidan qishlog'im korinar
Bir tovush kelganday asli samodan
Men dadamni sog'indim shu on
Men onamni sog'indim shu on
Hamon yomg'ir yog'ar tomchilar tinimsiz
Men kabi nimadir deyotgandek sòzsiz
Aytolmas sog'inchin kòz yosh tòkat faqat
Men onamni sog'indm shu on
Men dadamni sog'indm shu on
Uzoqda bòlsamda hayolimdasiz

Ayta olmasamda har nafas har vaqt
Sizni yaxshi kòraman faqat va faqat
Men onamni sog'indm shu on
Men dadamni sog'indm shu on

Dòst

Dòsting bòlsa sotmasa
Sira ham ranjitmasa
Yolg'on sòzlar gapirib
Kònglingni og'ritmasa
Sen ishongan dòstlaring
Orqangdan ish kòrmasa
Dòstlaring kòzlagan maqsad
Seni qulatish bòlmasa
Sen yiqilgan cho ingda
Yordam qòlin chòzmasa
Kòmakka muhtoj vaqting
Borini ayamasa...

Orzu

Bòlib qolsam telefon

Menga mehr berardi

Fursat topib odamlar

Mendan habar olardi

Qòllarida olib yurar

Ishonmaydi hech kimga

Shoshilinch bòlsa hatto

Bir qarab qòyishar menga

Pulim tugasa shu on

Pul soladi chòntagimga

Ozi yemay yursa ham

Pul orttirar menga

Oddiylik

Oddiy detal aslida

Kòp vazifa bajarar

Chanqagan insonlarga

Kòpdan kòp yordam berar

Pisand qilmas odamlar

Oddiy buyum deyishar

Ammo oddiy buyumning

Qadrin qachon bilishar

Bòlsa oltin piyola

Ezozlashar avaylar

Narxi qimmat buyum deb

Uni kòzga surtishar

Viqorli choynak egilib

Tazim qilar piyolaga

Oltin bòlsin yo oddiy

Faqrqi yòq axir unga

Ex odamlar kerilmang

Qog'oz pulga ishonmang

Choynak kabi siz ham

Oddiylarga egilmang

Hayotimiz qiziqda
Oddiy inson kòrinmas
Besh tòrt sòm puli bòlsa
Uni yomon deyishmas

Sirdoshim ijodim
Sherlar yozaman yi lab yi lab
Dard u alamlarimni kuylab
Tinglamas eshitmas biror tirik jon
Sherlarim dardimga sherik har qachon
Har nima desam ham tinglay oladi
Yuragim nolasin ilg'ab turadi
Bir sòz demasdan ovutib bòladi
Sherlarim dardimga sherik har qachon
Dardlarimni tòkib solsam ham
Doimo birga bòlmasam ham
Meni jim tinglaguvchi ovutguvchi
Sherlarim dardimga sherik har qachon

Balki dòstim yòqdir ammo dilkashim

Siqilsam yiqilsam doim dardkashim

G'amimni aytmasamda kòpdan buyon

She'rlarim dardimga sherik har qachon

Qishloq

Qishloq juda ajoyib

Sharqiragan suvlari

Mòl hosil berubchi

Dalayu dashtlari

Qishloq juda ajoyib

Yayrab quvnab òsasan

Arig'ida chòmilib

Unga rahmat aytasan

Qishloq juda ajoyib

Odamlari aroyib

Biri usta biri chòpon

Tikuvchilar tikar chopon

Qishloq qizi

Men qishloqning qiziman

Uy yumushin qilaman

Sigirlarni hop sog'ib

Qurt ayronlar qilaman

Erta barvaqt turaman

Uy hovli aupuraman

Sarishtayu sarsamjon

Idish tovoq yuvaman

Onamga xòp dasyorman

Kop kiyimlar yuvaman

Raxmat aytib dadamlar

Men qishloqning qiziman

Ròza ayyomi

Sen kelding u shu yurtga

Rizq u ròz keldi birdan
Sening ilk qadamingni
Biz kutdik sog'inch bilan
Samol ròza ayyomi
Xush kelding sen bu yurtga
Endi ròza tutamiz
Savob ishlar qilamiz
Bizlar sahardan turib
Saharliklar qilamiz
Salom ròza ayyomi
Xush kelding sen bu yurtga

Bobomga

Sòzlaringiz Dillarda
Abad saqlab qolamiz
Sizdek bòlish uchun biz
Dono farzand bòlamiz
Siz boshlagan yòllarni

Biz davom ettiramiz

Baland baland chòqqilarga

Sizdek doim intilamiz

Yuz yoshlarni qarahilang

Izingizdan boramiz

Biz nevalaralaringiz

Sizlarga baxt tilaymiz

Alloh asrasin

Safarlarda yurganda

Dunyolarni kòrganda

Omad qushi qònganda

Sizni Alloh asrasin

Xudoning suygan bandadi

Boshimizda oftobsiz misli

Jannatiy insonsiz asli

Sizni Alloh asrasin

Duo qilib tolmagan

Ahilchilik sòragan

Minnatsiz osh yedirgan

Sizni Alloh asrasin

Yosh avlodni òstirgan

Mantiq nima uqtirgan

Ezgu amalda bòlgan

Sizni Alloh asrasin

Bobom bilan buvimga

Atab yozdim sherimni

Bolsa hamkin ozgina

Yurakdan aytdim sòzimni

Shoir

Shoir qalam oldimi qòliga

Demak unda kop dard yig'ilgan

Dardiga davo izlab shoira

Qalam ila yòlga otlangan

Shoir asli shunday bòladi

Insonlarga dardin aytmaydi

Ne bòlsa ham uning kònglida
Qog'oz-la sirlasha oladi
Shoir qalam olsa qòliga
Misralar ham yòldoshdir unga
Qog'oz qalam qolib hattoki
Osmonlar ham kòmakdosh unga
Shunday ajib òylar suradi
Uzoq kelajakka boqadi
Kònglidagin aytib qalamga
Balki unga yi lab beradi
Shoir qalam olganida qòliga
Samolar ham titray boshlaydi
Kònglidagi hasrat azobni kòrib
Unga sirdosh bòla boshlaydi
Siz shoirni anglolmaysiz bilmaysiz
Hayolini kòrolmaysiz sezmaysiz
Ehtimol shoir bergan savollarga
Javob ham aytaolmaysiz topmaysiz
Shoir qalam olmasin qòliga

U mast bòlib qoladi shu onda

Sòzlatin uni sehrli qalam

Qog'oz qaydnqiladi òziga

Shoir qalam olmadin qoliga

Kelmasinda asli bu dunyoga

Yuragiga dardi sì magandek

Zamin h sias butun olamga

Ro'ziyeva Sevinch Usmonovna 2007-yil 17-mart sanasida Surxondaryo viloyati Qumqo'rg'on tumanida tug'ilgan. Viloyatlar aro o'tkazilgan "Ona borki olam munavvar" tanlovida faxrli birinchi o'rinni egallagan. Hozirda Toshkent shaxrida tahsil oladi. Eng birinchi she'ri Surxondaryo viloyatining "Jarqo'rg'on" gazetasida "Ezgu tilagim" nomi bilan bosib chiqarilgan. Amazonda chiqariladigan "The destination of succed" antalogiyasida "My mom" she'ri bilan qatnashgan.

www.ingramcontent.com/pod-product-compliance
Lightning Source LLC
LaVergne TN
LVHW010424070526
838199LV00064B/5410